TUNIS

ET

LA RÉGENCE

SOUS

MOHAMMED-EL-SADAK-BEY

TUNIS

ET

LA RÉGENCE

SOUS

MOHAMMED-EL-SADAK-BEY

PAR

ALBERT FRANÇOIS

PARIS

IMPRIMERIE JOUAUST

RUE SAINT-HONORÉ, 338.

—

1867

A SA MAJESTÉ

MOHAMMED-EL-SADAK-BEY

Son très-humble et très-dévoué serviteur,

Albert François,

Correspondant de journaux étrangers, 71, avenue
des Champs-Élysées, à Paris.

TUNIS

ET

LA RÉGENCE

AU XIXᵉ SIÈCLE

I

Les Européens ne se font en général aucune idée juste des mœurs orientales. Ils se représentent l'Orient comme le pays du soleil, un pays fantastique, peuplé de sultanes, de houris, d'almées et d'habitants paisibles et fastueux endormis dans le *dolce far niente* des rêveries mystiques. Le fez, le turban, le costume élégant et pittoresque des Orientaux qui traversent l'Europe, tout est là. La légende représente à l'Européen l'Orient avec ses minarets, ses prêtres, ses mœurs efféminées et barbares, tel qu'il était à l'époque où s'établit la domination des Orientaux en Asie et en Afrique. Nul ne songe aux progrès accomplis par ces peuples, à leurs aspirations, à leurs tendances continuelles et à leur avenir, dont beaucoup désespèrent. Plus encore ignorent complétement leur passé et leur histoire. La France surtout, ce pays des frivolités mondaines (comme disent les Allemands), ne sait rien de l'Orient. Elle n'entrevoit ces contrées qu'à la faveur de l'optique théâtral, telles que certaines pièces ou certaines féeries se plaisent à en parodier les coutumes et la vie. Quant aux lois qui régissent les Orientaux, quant à leur religion, au Coran, livre admirable, dont les maximes sont si bien appropriées au climat oriental, ils n'en ont également qu'une intuition vague et purement erronée. Ils ne se doutent pas des efforts incessants tentés avec succès chaque jour par l'Orient pour se mettre au niveau de notre civilisation ; ils ne tiennent aucun compte des résultats obtenus, du développement de leurs institutions et de leur marche lente mais ferme vers le progrès.

Jusqu'en ces dernières années, par exemple, on s'imaginait qu'un bey ou un sultan, ou un vice-roi, un pacha, n'était autre qu'un chef idiot et féroce, abruti par les plaisirs du harem et toujours avide du sang de ses sujets. Ces chefs n'éveillaient dans l'esprit romanesque des Européens qu'un souvenir grossi prodigieusement de nos anciennes dominations féodales et suzeraines. Les sultanes jetées à la mer au fond d'un sac, des eunuques nombreux, des pals, des potences, des yatagans aux lames ensanglantées, et par-dessus tout cela le visage impassible et cyniquement doux du bourreau investi d'un pouvoir qu'il ne s'arrogeait souvent qu'en but d'assouvir de sanglantes passions. Depuis que les moyens de transport et le libre essor de nos transactions commerciales nous ont permis de fixer un jugement sur les hommes et sur les choses de l'Orient, on arrive à se convaincre, étonné et un peu confus, que jamais idée préconçue n'avait été plus fausse.

L'Exposition universelle n'a pas peu contribué du reste à faire ressortir aux yeux de l'Europe les qualités des Orientaux et à mettre en relief les dons précieux qui assurent à un peuple un avenir heureux et stable par l'industrie et la richesse. Les produits exposés par la Turquie et Tunis ont donné à réfléchir aux Européens, et ils ont fini par s'avouer à eux-mêmes que de ces nations, à l'égard desquelles ils s'étaient aussi grossièrement trompés, il y avait encore de grandes choses à attendre. Ils se sont dit que de tels peuples étaient en droit d'accomplir lentement, mais sûrement, leur œuvre de régénération, et qu'ils sauraient bientôt marcher de pair avec l'Occident. Il leur reste encore certainement du chemin à parcourir avant de se mettre au niveau de nos mœurs, mais l'impulsion est donnée désormais et leur ligne de conduite est toute tracée. Leur bannière a été arborée, et dans tout l'Orient, du nord au sud, le cri *En avant* a été entendu et mille fois répété.

Ceux qui président à ses destinées ont fait de ce cri un signe de ralliement, et les peuples qu'ils gouvernent n'hésitent déjà plus à comprendre que de cette devise dépendent leur grandeur et leur avenir.

II

La Régence de Tunis compose un des quatre royaumes situés au nord de l'Afrique et formant les États Barbaresques.

Elle est bornée au nord et à l'ouest par la Méditerranée, au sud par le pachalik de Tripoli et le désert de Sahara, et à l'est par l'Algérie.

Elle est sillonnée au nord par le Sahel, dont certains plateaux sont très-élevés et d'où s'échappe la Medjerda, un des cours d'eau les plus considérables de ces régions, et qui, après l'avoir rafraîchie et fertilisée, vient se jeter dans la mer un peu au-dessous de Porto-Farina. Au sud s'élève l'Atlas, formant plusieurs chaînes séparées les unes des autres et dont les tronçons s'étendent dans toutes les directions. A cause de ces grands mouvements de terrains, la température est très-variée en

Tunisie. Aussi la diversité des récoltes est-elle extrême, et trouve-t-on des dattes non loin des régions qui produisent la pomme et la poire, ces fruits du nord de l'Europe (1).

Le territoire de la Régence, quoique très-vaste, ne contient guère que deux millions et demi d'habitants. Il y a cependant, dans le nord surtout, des plaines fertiles et cultivées par de nombreuses et vigoureuses populations. Les villages et les douars y sont très-rapprochés.

Les voyageurs qui ont visité Tunis en disent merveille, non que la ville se distingue par un caractère de beauté régulière et architecturale, mais par sa situation géographique et le côté pittoresque qu'elle offre quand on y arrive par le port de la Goulette.

Les rues de Tunis n'ont point de nom, ses maisons point de numéros. Elles ne sont pas pavées ; quelques-unes sont droites, la plupart tortueuses, les culs-de-sac et les impasses nombreux. Point de règlements sur la voirie ; des maisons bâties sans ordre, sans symétrie.

Bâtie sur le flanc d'une colline verdoyante et boisée, Tunis, plus longue que large par sa forme topographique, est divisée en deux parties bien distinctes : la ville haute et la ville basse. La première, habitée par les musulmans, est déserte et silencieuse ; l'autre, habitée par les négociants et les chrétiens et nommée

(1) A. de Flaux.

Sidi-Morgiani, est au contraire agitée et tumultueuse. Là se font les transactions commerciales, ainsi que sur la place de la Marine, où se trouve le palais du consul anglais.

Il est impossible de préciser le nombre des habitants de Tunis, dit M. de Flaux en son remarquable livre sur la Régence (1). La religion a fait de chaque foyer domestique une espèce de sanctuaire dont il est défendu, même dans les cas extrêmes, de franchir le seuil. On évalue cependant sa population approximativement à soixante-quinze mille âmes; les Européens y figurent pour quinze mille, les juifs pour trente-cinq mille. Le reste est mahométan, mais ils sont divisés en plusieurs sectes et en plusieurs races.

Le Bardo est la ville officielle. Il est situé à cinq kilomètres environ de Tunis, au milieu d'une belle et fertile vallée que traverse un aqueduc qui date de la conquête espagnole et qui, au dire des touristes, fait un effet très-pittoresque.

Dans le principe, il n'y avait là que le palais du souverain, mais l'entourage du bey s'y vint peu à peu fixer; les principaux personnages de sa maison civile et militaire s'y sont établis.

Toutes les maisons du Bardo sont la propriété du bey.

(1) Chez Challamel aîné, éditeur, rue des Boulangers, 30, à Paris.

Le Bardo, ville exceptionnelle, a une physionomie toute particulière. Elle est plus mal percée que le plus affreux quartier de Tunis. Il y a plus d'impasses que de rues, et il est impossible à un étranger de s'y reconnaître. En revanche, on y rencontre beaucoup de piétons.

La foule des solliciteurs et des curieux est très-compacte à certains jours et à certaines heures. On y coudoie tous les princes de la famille régnante, qui sont tous très-hospitaliers, et pour qui la visite d'un étranger est une interruption de la monotonie de leur triste vie.

Le souverain doit habiter le Bardo, mais c'est un principe auquel on déroge souvent, attendu qu'il existe un vieux préjugé d'après lequel le nouveau bey ne peut, sans courir le risque d'un malheur, demeurer sous le toit de son prédécesseur.

Ahmed-Bey préférait la Mohamédié, qui fut abandonnée pour la Marsa par son successeur. Mohammed-el-Sadak est rentré au Bardo, qu'il ne quitte presque jamais. Le Bardo est du reste, dans tous les cas, la ville des affaires et des réceptions.

Le souverain porte le titre de bey, bacha de Tunis. Le gouvernement est absolu, dégagé même des apparences d'institutions qui existent dans les autres pays musulmans.

Cela vient de ce qu'autrefois le bey, chef militaire nommé par la Porte, se plaisait à gouverner par le sabre, dédaignant envers des populations vaincues et méprisées les formes civiles et régulières. Le prince rend lui-même la justice, recrute, paye et dirige l'armée, fixe l'impôt, promulgue ou abroge les lois; tout enfin vient de lui, se fait par lui et pour lui. Il est maître absolu de la vie, de la fortune, de l'honneur de tous ses sujets. Le premier ministre, soumis à tous ses caprices, n'a pas plus le pouvoir de s'y soustraire que le dernier des juifs. Il élève et abaisse tour à tour l'objet de son affection ou de sa haine. Il peut d'une main reprendre ce qu'il a donné de l'autre, et l'on a vu des ministres des finances, disgraciés après avoir disposé de toute la fortune de la Régence, demander l'aumône dans les rues de la capitale.

Le bey régnant, Sidi-Mohammed-el-Sadak, est un homme de quarante-huit ans environ, de taille ordinaire, ayant une chevelure belle et abondante, très-noire, qui commence à grisonner.

Il doit à l'âge un embonpoint qui ne messied ni à sa majesté ni à sa personne. Il porte toute la barbe; ses traits sont un peu accentués, mais il possède de très-beaux yeux pleins de douceur et de finesse. Enfin l'aspect général du bey, qui trahit un peu de fatigue et de mélancolie, présente un air majestueux; on devine aisément un souverain. A une vaste intelligence et à une aptitude extrême pour les affaires, il joint un esprit de suite et une énergie dont rien n'approche; il a en toute circonstance fait preuve d'un sang-froid et d'un courage admirables, sans que son excessive bonté se soit dé-

mentie un seul instant. C'est un des signes du temps
que de voir les princes ottomans, autrefois célèbres par
leur férocité, devenus d'une douceur évangélique.

Le trône de Tunis est héréditaire depuis plus de deux
siècles et occupé par la même famille. Le mode de suc-
cession chez les princes musulmans n'est pas le même
que chez les chrétiens. Il ne se règle pas par ordre de
primogéniture entre les enfants du souverain, mais par
rang d'âge parmi tous les membres de la famille royale,
de telle sorte que le prince est remplacé le plus souvent
par un frère ou par un cousin germain, mais très-
rarement par un enfant. Autrefois, dans des époques de
violence, ce système a donné naissance à des crimes
monstrueux. Des souverains ont fait égorger tous les
mâles de leur famille pour assurer le pouvoir à leur fils.
Aujourd'hui, où l'on ne verse plus, même en Orient,
que le sang des criminels, cet usage qui prévient les
minorités, toujours aussi funestes aux États qu'aux
princes, est moins défectueux que le nôtre, et les peuples sont assurés d'avoir à leur tête un chef qui, à défaut
de mérite, a l'expérience que donne l'âge.

III

Investi de tous les pouvoirs, le bey dispose surtout de la justice. Il tranche toutes les questions d'après son bon sens et sa clairvoyance. Mais l'habitude et la connaissance des hommes ont bientôt rendu son jugement prompt et sûr. Le tribunal du bey fonctionne trois jours par semaine, de dix heures à midi ; et tous les souverains, comprenant l'importance de ces fonctions qui mettent à leur discrétion l'honneur, la liberté et la vie de tous leurs sujets, y ont porté constamment un grand zèle et une vive attention.

L'audience est publique ; le mendiant en haillons a la première place quand il arrive avant l'aga de la Casbah ou l'iman de la mosquée de l'Olivier. Le plaignant est conduit par le maître des portes (*bach-bab-ouad*) et par un chaouch. Il expose sa cause le premier.

L'accusé se défend, et l'écrivain public, qui remplit le rôle du ministère public et qui le plus souvent a préalablement entendu les parties, résume les débats, les éclaircit et donne son avis motivé. C'est après ses conclusions que le bey rend son arrêt.

On voit, en assistant à une audience de ce tribunal, sur quels principes égalitaires est établie la société musulmane. Un laboureur, un mendiant, aura à se plaindre de la brutalité ou de la rapacité d'un fonctionnaire éminent ; il le traînera à la barre et lui dira durement tout ce qu'il a sur le cœur. Le bey l'écoutera patiemment, l'interrogera même, et prendra part à ses infortunes comme à celles d'un courtisan. L'arrêt prononcé est de suite exécuté. Cette justice expéditive n'est pas sans inconvénients et donne lieu à des actes souvent très-regrettables.

La conscription militaire de la Régence de Tunis a été établie par la constitution de 1861, mais le pays, n'étant pas préparé encore aux brusques changements auxquels on a voulu le soumettre, n'a pu encore en accepter tous les bienfaits. On doit donc encore se conformer aux errements du passé.

Les racoleurs parcourent le pays et prennent tous les jeunes gens qui leur paraissent bien faits. Le temps du service n'est pas réglé. On peut être contraint de rester sous les drapeaux pendant toute sa vie, comme aussi pendant un temps très-court : cela dépend des besoins du moment et des bonnes dispositions des chefs. La paye est minime. Le soldat touche quatre piastres par mois, le capitaine trente, le colonel deux cents. Il est vrai que l'uniforme et la nourriture sont payés.

Tunis avait, au XVIe siècle, une puissante marine. Les luttes de Barberousse et de Doria sont restées célèbres. Plus tard, les forces navales du gouvernement ont beaucoup diminué; mais à côté des beys il y avait des corsaires qui étaient très-redoutables et qui, dans un moment donné, mettaient à la disposition du maître les navires qu'ils possédaient, de sorte que Tunis avait jusqu'en ces derniers temps conservé un nom redoutable. Depuis l'abolition de la course toute sa marine est demeurée marchande.

Pour être impartial, il faut, à Tunis, juger toujours les choses et les hommes au point de vue africain. L'armée tunisienne, qui pourrait paraître grotesque à tout Français, est admirable de tenue et de discipline, comparée à celle de l'empereur du Maroc, du pacha de Tripoli et même du vice-roi d'Égypte.

L'agriculture, par exemple, laisse beaucoup à désirer encore, avant que le peuple de la Régence soit en droit de réaliser tous les bénéfices que recèle la terre.

Le sol ne fait pas partie de la fortune privée, le bey seul est propriétaire.

Lorsque, toutefois, cet état de choses aura cessé, l'agriculture prospérera. Ce sera le seul moyen d'arracher à la terre les immenses trésors qu'elle renferme. Limitée au bey, elle ne peut être que mal ou point cultivée.

Elle ne sera l'objet d'un travail actif et constant que lorsque l'agriculteur aura les chances de l'avenir pour combattre les incertitudes du présent.

Rien de plus défectueux du reste que le système de fermage en usage, et rien de plus propre à détruire toute émulation et à entretenir l'état de marasme où se trouvent les paysans de la Régence.

Chaque année, au milieu d'octobre, les gens du bey viennent s'établir dans les villages et louent à la bougie, aux enchères, les terrains occupés par la tribu. Si les preneurs manquent, ce qui arrive souvent, les champs restent en friche ; s'il s'en trouve, au contraire, ils sont cultivés, mais mal, parce que le fermier, n'étant assuré que d'une année, ne fait ni les fumures ni les assolements qu'exigent tous les terrains du monde, et même celui d'Afrique, malgré son étonnante fertilité. Si encore on suppléait à ce système défectueux par de bons outils ! Mais dans bien des endroits on ne se sert que de charrues en bois ; celles en fer sont d'ailleurs trop faibles et impuissantes à percer avant l'époque des pluies le sol durci par un soleil brûlant.

Il résulte de tout cela que les champs ne donnent pas de revenus. Faute de fermiers à prix d'argent, on emploie les colons partiaires. Le maître fournit les bestiaux et la semence ; le cultivateur fait les travaux et reçoit pour ses peines le cinquième ou le quart de la récolte.

Le blé et l'orge sont cultivés sur une grande échelle dans les vastes plaines de la Régence.

Après le grain et l'orge viennent le maïs, le haricot et surtout le pois chiche. Ce dernier légume est excellent et très-abondant. On cultive aussi avec succès le lin, le chanvre, l'indigo, le carthame et la garance. Au moyen âge le coton et la canne à sucre y florissaient ; aujourd'hui ces cultures sont abandonnées.

Le climat de Tunis ressemble à celui du bas Languedoc et de la Provence. Le ciel, le sol et les horizons sont les mêmes, et jusqu'aux coutumes des habitants.

Les fruits sont à Tunis très-beaux et excellents. Ils sont très-recherchés des Maures et forment une partie de la nourriture.

C'est par les fruits achetés au marché qu'on reconnaît l'opulence d'une maison. Les dattes viennent du sud de la Régence. Les orangers décorent et embaument tous les jardins de Tunis ; on les arrose avec des norias. Les néfliers, les jujubiers, les grenadiers et les alisiers sont très-communs et donnent d'excellents fruits.

Quant à l'huile, elle se prépare absolument comme dans le midi de la France, et les moulins sont faits sur le modèle des nôtres.

Dans ces climats salubres et sur ces champs fertiles, les hommes sont grands et vigoureux, et tous les animaux participent aux avantages physiques que Dieu a donnés à leurs dominateurs.

Les bœufs y sont aussi grands et aussi forts que dans notre grasse Normandie ; les moutons, d'une taille gigantesque et décorés d'une queue énorme, pesant jusqu'à vingt livres quelquefois, et les chameaux plus sauvages et plus robustes que dans nos possessions. De même des poissons. On y pêche des thons aux proportions colossales. Les crevettes sont aussi fortes que nos petites langoustes, et les rougets aussi lourds que les merlans des côtes de Provence.

Mais c'est dans les légumes, comparés aux nôtres, que cette différence se fait surtout sentir. Les radis sont aussi gros que nos carottes, les carottes que nos betteraves, les aubergines que nos potirons, et ainsi de suite. C'est à se croire, dit M. de Flaux, dans la terre de Chanaan. Aussi les Romains préféraient à toutes les autres parties de l'Afrique l'ancien royaume de Carthage, et y ont laissé de plus grandes et de plus monstrueuses traces de leur domination.

IV

La constitution de 1861, donnée par Mohammed-el-
Sadak-Bey à son peuple, peut être considérée comme
l'événement le plus glorieusement important de l'histoire de Tunis. Ce souverain, qui avait déjà signalé par
tant de brillantes qualités le commencement de son
règne, a pris place du premier coup au rang des chefs
les plus éclairés et les plus justement estimés dans les
fastes de la Régence. Son prédécesseur et lui peuvent
être considérés à juste titre comme les régénérateurs

de Tunis. Par sa fermeté, son énergie et ses vertus, Mohammed-el-Sadak rappelle Mahmoud, le grand Mahmoud, qui dota l'empire ottoman d'une législation nouvelle.

Il faut, en effet, être doué d'une grande force de volonté pour mener à bonne fin et avec un succès toujours soutenu les entreprises que Mohammed tente chaque jour pour faire fleurir la civilisation dans ses États. Il ne néglige, il est vrai, aucun sacrifice, et se tient constamment au courant de ce qui peut intéresser la fortune et le bien-être de son peuple. La constitution de 1861 restera comme le plus beau monument de l'histoire musulmane. Cependant nul obstacle n'a effrayé ce souverain. Il a comprimé la révolte, apaisé les passions, et il a su, tout en châtiant les rebelles, demeurer clément et conciliateur. Il a tenté depuis de grandes réformes dans les mœurs et coutumes de ses États. Il a apporté ses soins particulièrement à l'amélioration du bien-être de ses sujets, à l'organisation de son armée, qu'il a enrichie de règlements nouveaux; à la justice, à l'agriculture, à laquelle il s'efforce d'imprimer le plus de développements possible. Grâce à cette impulsion nouvelle et marquée à l'empreinte du XIXᵉ siècle, nous pensons que la Régence de Tunis, par sa situation même, enclavée par la mer d'un côté, de l'autre par nos possessions africaines, est appelée à jouer un rôle considérable dans l'histoire. Il faut louer également Mohammed-el-Sadak du choix des hommes dont il s'est entouré. Tous concourent, sous la direction du bey et avec un égal dévouement, à l'œuvre du maître. Sidi-Mustapha, le personnage le plus important de la Régence, et dont le prince prise autant la sagesse que les conseils, le général Kerédine, Mohammed-Khaznadar, tels sont les hommes à qui Dieu a confié les destinées de ce pays. Tous sont des sujets d'élite et tous des serviteurs de bonne volonté.

Peut-être le peuple tunisien ne semblait-il pas suffisamment mûr et suffisamment préparé pour les réformes édictées par Mohammed-Bey; mais la lumière se fera par degrés, et c'est de la constitution de 1861 que datera l'ère de la régénération de la Régence. Le peuple, plein d'amour et de confiance, s'en rapporte entièrement à l'homme qui le gouverne avec une sagesse et un esprit de modération que les autres nations admirent. Mohammed-Bey a compris du reste la mission que le souverain arbitre de toutes choses lui a confiée, et il espère que tous ses efforts ne resteront pas sans résultats. Éclairé, savant, aimant tout ce qui est beau et tout ce qui est bien, animé d'un grand esprit de justice et de toutes les vertus qui doivent être l'apanage d'un souverain redoutable et sage, il ne perd pas de vue que la Régence de Tunis réclame encore de lui de longs sacrifices, qu'il est tout disposé à accomplir, secondé comme il l'est par les hommes qui l'entourent. A côté de ces personnages, il importe de ne pas oublier les hommes qui le secondent. Ceux-ci, appartenant en qualité de consuls ou d'ambassadeurs des autres nations aux conseils de la Régence, lui prêtent une assistance dévouée et assidue. M. le vicomte de Botmiliau, notre nouveau représentant auprès du Divan tunisien, remplit à Tunis ces fonctions délicates et difficiles. Entouré d'ailleurs de considération et d'estime, il s'efforce de concourir à l'œuvre du bey Mohammed. Envers nos nationaux, sa conduite est des plus dignes d'éloges. Il sait concilier tous les intérêts, n'oubliant jamais ni le bon droit ni la juste raison. Il a su dès son arrivée se créer à Tunis une situation en rapport avec la dignité de la France et avec les grands principes qu'il représente. La France, de son côté, ne saurait oublier ce qu'elle doit à Mohammed-Bey. Les réformes qu'il a accomplies n'ont pas été sans importance aux yeux des populations africaines que nous gouvernons. Elles ont aplani bien des obstacles et épargné bien des complications.

Mohammed-Bey n'a pas fini de régner. La Providence lui réserve nombre d'années encore à parcourir, et nous espérons qu'il verra le couronnement de son œuvre avant de laisser à son successeur un sceptre et un trône illustrés par de brillantes vertus. Il n'y a ni petits peuples ni petits souverains. Les plus petits souverains sont souvent les plus grands, quand ils ont consacré une existence glorieuse et sans tache au bonheur de leurs sujets. Mohammed-Bey sera de ceux-là, lui qui a tout osé et à qui tout a réussi. Nous ne craignons point de le dire, Mohammed-Bey comptera parmi les figures les plus accentuées de l'ère mahométane, et aussi parmi les souverains qui auront le plus contribué à faire de la Régence de Tunis un gouvernement indépendant et heureux.

1713. — Paris, imprimerie Jouaust, rue Saint-Honoré, 338.